Offert au comité historique
et scientifique du ministère
de l'Instruction publique.

[signature]

Correspondant.

RAPPORT

SUR LES

TRAVAUX DE L'ANNÉE

Par M. **A. DELOUME**, secrétaire perpétuel

Au dernier Congrès de Société savantes de France, réuni il y a quelque temps à la Sorbonne, M. Bayet, directeur de l'Enseignement supérieur, avait été chargé de prononcer, à la place de M. le Ministre, le discours de clôture. M. Bayet est particulièrement compétent, à raison de sa valeur et de sa situation officielle, pour parler des académies et des sociétés libres de province. Il prononçait ces paroles qui doivent être pour nous pleines de réconfort et qui constatent un des nombreux résultats très effectifs et très justes des Congrès annuels, si brillamment inaugurés ici même, pour la province, en 1899.

« A une époque ou la situation de nos facultés était singulièrement précaire, portait le discours de clôture, ce sont vos sociétés qui, courageusement, se sont mises à l'œuvre. Ce sont elles qui se sont constituées les gardiennes fidèles et vigilantes de nos antiquités nationales, qui ont exploré les bibliothèques et les archives, étudié nos monuments, recherché dans le sol les débris de notre passé ; ce sont elles qui ont amassé ce trésor de documents de toutes sortes, dont M. de Lasteyrie assume de diriger l'inventaire..... »

Ceux qui habitent avec nous, dans la merveilleuse demeure où M. Ozenne nous a groupés, peuvent revendiquer hautement leur part dans ces éloges. Et spécialement, notre académie a eu son rôle dans l'œuvre provinciale, en établissant, la première, un lien durable entre les savants de tous les pays, et en faisant fonctionner pratiquement l'œuvre, si admirable aujourd'hui, de la législation comparée.

Le jury de l'Exposition de 1900 l'a reconnu en nous attribuant l'une de ses plus hautes récompenses et nous avons droit, n'en doutons pas, à la part d'encouragements qui se répandent de si haut, dans le domaine un peu desséché, jusqu'à ce jour, et cependant très fertile, des académies et sociétés libres de la province.

« Le plus mauvais service que l'on puisse rendre à un homme, a-t-on dit, est de lui apprendre à ne compter que sur les autres et à gémir sur ses épreuves. » Nous n'en sommes pas là. Aussi, lorsque nous avons vu qu'on ne se bornait pas à supprimer nos subventions et qu'on y ajoutait la surcharge d'impôts inattendus, nous n'avons pas perdu courage, nous avons fait à nos correspondants un appel auquel ils ont largement répondu.

Vous le verrez par la brièveté des rapports sur nos concours, on sent bien que nous ne pouvons pas couvrir d'or nos lauréats. La disette des concurrents est générale d'ailleurs pour les études supérieures du Droit ; l'Institut et les grandes revues parisiennes font une concurrence que, moins que jamais, nous ne pouvons désarmer. Nous traverserons, néanmoins sans faiblir, la crise financière dont nous avons à souffrir et nous attendrons, avec confiance, que ceux qui ont la mission, à Paris et à Toulouse, de soutenir les efforts désintéressés de l'esprit et de la science, principale richesse des nations, nous allègent de nos charges et donnent une efficacité pratique, aux éloquentes paroles par lesquelles nous avons été heureux de pouvoir commencer notre rapport de cette année.

Il importe, en effet, de relever, dans l'opinion publique, l'initiative personnelle dont nos sociétés donnent l'exemple. Il serait urgent surtout de tenir compte, par tous les moyens, des travaux sérieux de ceux qui ajoutent à leur tâche professionnelle ces œuvres spontanées, volontaires, traits distinctifs des esprits généreusement doués et des caractères énergiques à la besogne. La pensée publique est ailleurs, pour le moment. Elle reviendra d'elle-même.

Les américains, toujours pratiques, l'ont vivement senti, et c'est à coups de millions accumulés qu'ils constituent les courants supérieurs de l'esprit, par les Collèges, les Universités et les Académies. Ils nous montrent ainsi ce que nous avons à faire.

En France on n'a pas à constituer, on n'a, ce qui est plus facile, qu'à entretenir et à développer ; seulement, il faut agir avec énergie et comme on peut.

Et telle est, au milieu d'un monde positif, l'œuvre très vivante et vraiment élevée de notre Hôtel toulousain d'Assézat et de Clémence Isaure.

— Le volume de 1903, paru en entier par suite d'une modification dans la répartition des travaux annuels, a pu fournir la preuve que certains, parmi nous, ne comptent pas avec leur peine. Mais si on a dit qu'à la guerre ce sont toujours les mêmes qui se font tuer, nous pourrons constater ici que ce sont toujours les mêmes qui nous font vivre.

Nous aurons à signaler, comme tous les ans, des études qui joignent à leur mérite propre, celui de l'actualité, en sorte que l'on pourrait voir comme toujours, par l'évolution des sujets de nos travaux, la direction que suivent les faits et les idées dans la pratique de la vie.

Nous ne pouvons oublier d'abord, que le droit civil contient la substance même de l'œuvre sociale tout entière, que la famille, la propriété, la réalisation des engagements contractés et le respect des personnes forment la base de tout organisme social, et nous aurons toujours d'importants travaux sur ces matières inépuisables.

— C'est ainsi que M. Paget a terminé, cette année, son originale étude sur l'abandon de la propriété immobilière. Ce n'est pas seulement le sort de l'immeuble proprement dit qui le préoccupe, mais, après l'abandon par le propriétaire, les hypothèques, les baux, les servitudes persistent, et aussi sans doute le droit à l'impôt. Nous avons signalé discrètement la fraude redoutable, et quelquefois préférée en fait, à l'abandon : la vente de l'immeuble au chemineau le plus inconnu et le plus errant que l'on puisse trouver et qui ne sera ni enrichi ni gêné par son acquisition. Puisse cette pratique ne pas se répandre. M. Paget est agriculteur et patriote de cœur, il termine sa savante discussion de droit, en souhaitant que la vaillance des agriculteurs et la sagesse de nos lois sachent éviter cette faillite terrienne, d'un genre nouveau dans notre pays, du moins dans le siècle actuel.

— En contact avec la propriété et ses droits, se sont présentés les intérêts de la famille. Heureuses et clairvoyantes les familles où les questions de propriété se règlent sans procès et sans amertumes. Il n'en est pas toujours ainsi malheureusement, et M. Crouzel nous a montré le conjoint survivant en conflit avec ses beaux-parents, les ascendants donateurs du défunt invoquant le droit de retour, soit légal, soit conventionnel. M. Crouzel se laisse toucher par le conjoint survivant, compagnon du défunt et associé à sa vie par les liens les plus sacrés. Combattu par quelques membres présents à la séance, il a énergiquement soutenu son opinion par la parole, et les contradictions se renouvelaient encore, quelques jours après, lorsque M. Zeglicki, venant à la rescousse, avec son ardeur presque méridionale, versait dans le débat un commentaire de l'arrêt de Cassation du 3 novembre, qui avait tranché la question, mais qui n'a pas départagé l'Académie. Chacun est resté fidèle à ses croyances, les uns tenant pour les conjoints, les autres pour les ascendants donateurs, sur le terrain toujours libre de la théorie.

— Sur une autre question qui paraît lui tenir professionnellement à cœur, en sa qualité de juge des ordres, M. Zeglicki est encore venu semer la dissension entre les esprits. Trouble bienfaisant d'ailleurs, puisque c'est, dit-on, du choc des idées que jaillit la lumière. Lorsque dans un ordre un créancier hypothécaire est partiellement payé, doit-on procéder à la radiation partielle de son inscription ? C'est la lutte entre le système du nord et celui du midi de la France qui a trouvé un vibrant écho dans nos séances et la majorité a suivi l'opinion de M. le Juge des ordres de Toulouse, en repoussant la radiation partielle comme contraire au texte de la loi et au principe de l'indivisibilité de l'hypothèque.

— L'hypothèque tend, sans cesse d'ailleurs, à étendre le cercle de ses applications, non pas comme une tache d'huile ou comme la lèpre, ainsi que disaient désagréablement les Romains, mais plutôt comme une institution bienfaisante qui augmente la valeur des choses en multipliant leur emploi et qui crée un des moyens de crédit les plus sûrs qui aient jamais été organisés.

Aussi l'Académie a-t-elle accueilli, par une approbation unanime, la savante et opportune étude de M. Fraissaingea sur l'*extension à la navigation intérieure*, de certaines règles de la navigation maritime. Les commerçants, investis du droit d'hypothéquer les bâtiments de mer, nous disait-il, réclament le même droit vis-à-vis des bâtiments de l'intérieur.

Ces derniers, en effet, qui restent fixés sur le cours de nos fleuves ou avancent à très petite vitesse et majestueusement sur nos canaux, ont, plus que les navires de mer, la stabilité des immeubles et sont par là, plus adaptés encore aux caractères de l'hypothèque. Il y a là un véritable progrès à réaliser.

Mais il est bien d'autres règles du droit maritime qui restent étrangères à la navigation intérieure sans qu'il soit possible d'en discerner le motif.

N'est-il pas parfois difficile, ajoute notre distingué

confrère, de déterminer la sphère d'application du droit maritime et de définir le bâtiment de mer ? Appelé à s'expliquer par la discussion, il a communiqué à l'Académie une nouvelle étude documentée sur le *Criterium* servant à distinguer : 1º les bâtiments de mer et ceux de l'intérieur ; 2º la navigation maritime et la navigation intérieure.

Il a conclu, à la suite de vives discussions et avec l'assentiment sympathique de tous, en faveur d'un régime hypothécaire de la navigation. maritime et intérieure à organiser sans retard.

— Comme il convient d'ailleurs, spécialement à ceux qui s'occupent du droit commercial, M. Fraissaingea dirige sa voile dans le sens où souffle le vent, il suit les courants de la pratique.

Les villes comme les chaumières, pendant la nuit, vivaient, il n'y a guère plus d'un demi-siècle, à la lueur fumeuse du reverbère, et de la lampe à huile ; le gaz est apparu et les villes l'ont partout canalisé à grands frais. Or, ce n'était pas pour longtemps : le gaz devait être bientôt détrôné à son tour. L'électricité révélait tout à coup ses supériorités sans limite ; la force, le mouvement, la chaleur à des degrés inconnus, la parole même et enfin la lumière. Elle était comme une puissante divinité sortant des torrents ou des fleuves pour étendre partout son règne souverain. Et les villes devaient fermer les longs drainages du gaz, abandonné au grand détriment suivi des protestations des Compagnies, avec lesquelles elles avaient signé des baux à long terme.

On chercha un terrain de transaction et les Compagnies proposèrent, pour la plupart, de donner aux villes, l'électricité avec ses flots de lumière, à la place du gaz jauni, condamné à s'éteindre pour toujours.

Or, le Conseil d'Etat exigeait dans ce cas un nouveau traité.

Mais, pour proposer ce changement et arriver au nouveau traité, ne fallait-il pas le consentement de l'unanimité des membres des Compagnies. C'est, en effet, ce qu'avait exigé au premier abord la jurisprudence. Résultat à peu près impossible en fait, un seul dissident, intéressé à la chute de l'affaire, pouvant la réduire à néant par un seul vote négatif. Mais la jurisprudence s'est ravisée et M. Fraissaingea, la suivant dans la nouvelle voie, donne les raisons pour lesquelles le changement des statuts peut être autorisé par une assemblée extraordinaire où la majorité normale des votants suffit et où l'unanimité n'est plus nécessaire.

A quelles conditions doit être subordonné l'exercice des pouvoirs de cette majorité? La discussion a été très animée, sur ces divers points, et les procès-verbaux de nos séances en ont conservé le souvenir.

MM. de Laportalière, Mérignhac, Boscredon, Teullé, par les objections qu'ils ont soulevées ou les questions qu'ils ont posées, ont amené M. Fraissaingea à présenter des arguments nouveaux ou à fournir des précisions sur cet important problème des pouvoirs des Assemblées extraordinaires, qui est plus que jamais à l'ordre du jour, puisqu'il fait l'objet d'un projet de loi dont le le gouvernement à saisi la Chambre des députés le 3 avril 1903.

Ces discussions sont pleines d'intérêt et de profit, surtout quand ceux qui y prennent part, avocats ou magistrats, y apportent le souvenir des luttes du Palais.

Nous y convions tous nos confrères, dans notre intérêt d'abord ; mais en nous faisant jouir de leur présence, ils en emporteront certainement quelque chose pour eux-mêmes, ne fût-ce que le souvenir agréable de controverses autorisées et toujours courtoises.

— M Fraissaingea a bien voulu ajouter à cet important et intéressant contingent d'œuvres personnelles, un compte rendu très pénétrant du beau livre de M. Vernaux, chef du Contentieux des Messageries maritimes, sur l'industrie des transports maritimes. A la suite de ce rapport, M. Vernaux, déjà lauréat de l'Institut, a été nommé membre correspondant de l'Académie.

— Avant d'aborder le droit public proprement dit, nous devrons surement trouver sur notre route quelque difficulté nouvelle sur la procédure, et en voici une grave, en effet. Un décret, que l'on peut appeler organique, et sans doute éphémère, est venu réformer les modes d'intervention et surtout le tarif des avoués de première instance et d'appel. M. Bressolles était tout naturellement désigné pour nous en entretenir.

Il l'a fait avec la nette et perspicace justesse d'esprit que nous lui connaissons, et c'est avec une satisfaction intime et profonde que les anciens de l'Académie le voyaient ainsi continuer les traditions de son vénéré père, qui ne manquait jamais de nous communiquer ses vues personnelles très autorisées, sur les documents législatifs de son enseignement, à mesure qu'ils apparaissaient.

Il serait peut-être difficile de pénétrer ici dans ce qu'on appelle, sans respect, le maquis de la procédure, pour approuver ou critiquer les graves innovations à la suite de notre guide, quelque éclairée par lui, que soit la route à suivre. Nous dirons seulement avec lui que, si les frais de justice sont parfois lourds pour le plaideur, on a cherché du moins à rendre la rémunération due à l'avoué proportionnelle à l'importance du service qu'il rend à son client. Sans aller à l'excès contraire, trop diminuer les honoraires amènerait à de bien plus graves dangers qu'on ne pense.

Le personnel de ces intermédiaires obligatoires qui se présentent au client dès le seuil du procès, qui souvent en sont les conseillers et les directeurs uniques au début, pourait, s'il n'était pas honorablement rétribué, baisser soit intellectuellement, ce qui serait un mal, soit moralement, ce qui serait bien pire. Il ne faut pas pousser des hommes instruits et qui ont payé cher leurs offices, à chercher leur salaire dans des détours obscurs, sur ce terrain de notre procédure compliquée, où la chose serait parfois très aisée pour les consciences peu délicates, s'il s'en trouvait. Les honoraires doivent être ouvertement et dignement répartis en proportion de l'importance des services rendus et aussi en proportion de la valeur intellectuelle et morale de ceux qui sont appelés à les rendre.

— De même que les officiers ministériels et tous ceux qui rendent service au public, l'Etat a droit, lui aussi, à ce qu'on lui assure le moyen d'accomplir tous ses devoirs, de vivre avec dignité et de veiller au intérêts supérieurs de la Patrie. Mais que de choses à respecter dans l'établissement de l'impôt? Aussi la matière est-elle sans cesse l'objet de théories nouvelles et de remaniments souvent nécessaires.

M. Malavialle avait bien voulu mettre sa haute compétence dans la matière à notre service, en nous résumant le bulletin de statistique et de législation comparée, rédigé par la Direction générale de l'enregistrement et des domaines.

Notre honoré confrère, après quelques constatations d'un caractère général sur le produit des impôts incombant à l'administration de l'enregistrement, s'est particulièrement attaché à la statistique de l'impôt sur le revenu en Prusse.

En considérant attentivement les chiffres, nous dit-il, nous ne pouvons nous défendre de soupçonner que l'assiette de l'impôt est très défectueuse.

On nous permettra de donner un long extrait du travail de l'administration centrale, à raison de l'intérêt d'actualité qui s'y rattache.

« Au-dessous de 900 marks par famille, il n'y a pas d'impôts sur le revenu, et, de plus, ne sont soumis à la déclaration et à l'examen que ceux qui ont plus de 3.000 marks de revenus, soit 3.750 francs.

« Sur une population de plus de 34 millions d'habitants, rapporte le Bulletin, d'après une publication allemande, il n'y en aurait que 169.935 qui posséderaient un revenu de plus de 3.000 à 6.000 marks et 75.740 un revenu de 6.000 à 9.500 marks. Un revenu de 3.000 à 6.000 marks assure à une famille normale de quatre à cinq têtes (plus les domestiques), une existence certainement convenable, mais rien de plus, aucun luxe. Avec un revenu de 6.000 à 9.500 marks, il ne peut être non plus question de dépenses de luxe: ce revenu ne peut procurer qu'un certain confort. Pour toutes les autres catégories plus élevées de revenus, la statistique officielle accuse 80.021 contribuables. En comptant toutes les personnes faisant partie de la famille des contribuables, on trouve pour les classes de 3.001 à 6.000 marks de revenus 954.055 personnes ; pour les classes de 6.001 à 9.500 marks, 251.607 personnes, et, pour toutes les autres classes plus élevées, 262.873 personnes, soit en tout, sur 34.056.414 habitants, 1.468.535 personnes pour les classes des revenus supérieurs à 3.000 marks.

« Et maintenant l'on peut, en face de ces chiffres, placer le résultat des observations suivantes ! Les théâtre et autres lieux de plaisirs sont toujours pleins. En quelque pays que l'on voyage l'été, en Allemagne, en Suisse, en Tyrol, toutes les villes d'eau et de séjour d'agrément sont remplies d'allemands. Tous les trains express sont presque complets en 1re et en 2e classe. Que l'on compte seulement combien il existe de fonctionnaires de l'Etat et des communes qui ont plus de 3.000 marks de traitement ; il faut encore ajouter à ces fonctionnaires les employés supérieurs des milliers de Sociétés par actions, les propriétaires et les employés supérieurs des entreprises privées, industrielles et commerciales encore plus nombreuses, les rentiers, les propriétaires, les médecins, les avocats, les professeurs, etc.

« Il y a certainement des célibataires, avec un revenu approchant de 3.000 marks, qui peuvent s'accorder un certain luxe, faire un voyage, etc. ; le nombre de ces contribuables qui ne sont pas tenus à faire de déclaration n'est pas connu, mais il n'est certes pas suffisant pour expliquer la quantité de voyageurs et la fréquentation des stations balnéaires qui paraissent énormes auprès du chiffre de 1.468.535 personnes représentant les classes de revenu les plus imposées.

« Il y a 3.210.831 contribuables qui sont imposés pour des revenus variant de 901 à 3.000 marks, et les ménages de ces contribuables comprennent 10.366.983 personnes (les revenus jusqu'à 900 marks ne sont pas imposés). L'impôt sur le revenu atteint donc au total 11.834.518 personnes, soit, en chiffres ronds, un tiers de la population. Les deux autres tiers sont exempts d'impôts parce que le revenu de chaque famille en faisant partie ne dépasse pas 900 marks.

« Nous ne pouvons, bien entendu, pas croire que tous ces chiffres soient faux, mais nous ne pensons pas cependant qu'ils soient exacts. L'observation journalière les contredit beaucoup trop. Notre peuple n'est pas aussi pauvre, alors que tous les ans il apporte quelques centaines de millions aux caisses d'épargne, en dehors de l'accumulation de capitaux qui se fait dans les classes riches.

« Nous avons aussi essayé, au moyen de la statistique des logements à Berlin, d'obtenir des résultats exacts. Mais cela n'est pas possible, parce que les locaux occupés par l'industrie et par le commerce ne sont pas distingués des autres locaux d'habitation et qu'il en résulte que toute donnée manque pour établir le taux réel des loyers. Il semble toutefois que les sommes affectées aux loyers dépassent de beaucoup les disponibilités dont pourraient user, à cet effet, les classes de revenus de 3.001 à 6.000 marks, d'où l'on pourrait conclure que l'assiette de l'impôt est mal établie, en ce sens que de nombreux contribuables ne seraient pas taxés pour leur véritable revenu.

« Mais, ce qui principalement et en première ligne explique les mauvais résultáts de l'assiette de l'impôt, c'est indubitablement l'inexatitude de la taxation des populations agricoles. Parmi ces populations, il est de règle de ne pas compter la valeur des produits naturels qu'elles recueillent et qu'elles consomment au nombre des revenus. Et si les autorités fiscales exigent que cette valeur soit portée en compte, ces produits ne sont plus évalués qu'à un taux infime. Dans les milieux agricoles, l'opinion régnante et trop malheureusement tolérée est que seul, l'excédent en valeur métallique des récoltes, doit être considéré comme revenu. Les populations agricoles n'admettent pas que les objets d'alimentation et d'entretien qu'elles consomment, non plus que l'usage de l'habitation, puissent être considérés comme dès revenus, et cette manière de voir paraît malheureusement n'être que trop tolérée. Les agriculteurs font cependant partie des commissions d'évaluation ! Quiconque voudra arriver à une exacte imposition du revenu, devra s'attaquer à toute la population agricole. »

Qu'on nous permette d'interrompre notre suggestif extrait, pour faire une observation. En vérité, c'est, à notre avis, une pieuse et nécessaire fraude que commet l'administration fiscale allemande. Par un des vices propres à l'impôt sur le revenu, il n'y a que les immeubles qui ne puissent pas dissimuler. Alors, pour rétablir un équilibre que l'on sait faussé, c'est l'administration qui, de concert avec tout le monde, pratique elle-même la fraude.

Est-ce qu'on déduit du revenu des autres contribuables, la partie de leurs revenus représentant ce qu'ils consomment ? Ainsi, les propriétaires fonciers ne pouvant pas frauder comme les autres, on leur tient compte

de leur exactitude forcée et on les allége en dehors de
toute règle et de toute logique.

C'est peut-être juste au fond, mais n'est-ce pas,
ainsi établi, le comble de l'arbitraire, c'est-à-dire de
tout ce qu'il y a de plus redoutable en matière d'impôt ?

« Enfin, reprend le travail inflexible de la statistique, il faut envisager aussi les personnes morales ;
sont imposées comme telles, 1.960 Sociétes par
actions et en commandite par actions, 115 Sociétés
minières, 374 Associations et 212 Sociétés coopéra-
tives. Il y a en Allemagne, en chiffres ronds, 6.000 Sociétés par action, dont environ les deux tiers (4.000)
seraient établies en Prusse, si l'on prend pour base le
chiffre de la population. Il est absolument incompréhen-
sible qu'il n'y ait que la moitié de ces Sociétés qui
soient imposées. Il se peut qu'un certain nombre de ces
Sociétés n'ait pas de rendement ou ne donne pas plus
de 3 $\frac{1}{2}$ % d'intérêt, ce qui les exempte de l'impôt ; il
se peut aussi que le chiffre de 4.000 Sociétés pour la
Prusse soit trop élevé : il n'en est pas moins vrai que
la différence entre ce chiffre et le chiffre de 1.960 Sociétés imposées est trop grande pour que l'on ne souhaite
pas vivement en avoir l'explication. »

Peut-être serait-on étonné si, a propos d'impôt sur le
revenu, nous invoquions le souvenir presque légendaire
de Servius Tullius, rien n'est plus légitime cependant
et je confesse que je ne manque jamais, lorsque j'ai a
parler de sa constitution, de faire ce rapprochement à
longue distance.

On sait que l'antique monarque voulut substituer
l'aristocratie d'argent à l'aristocratie de naissance, et
que, c'est là ce qui nous touche, il répartit aussi les im-

pôts sur la base de la fortune de chacun. La déclaration individuelle fut naturellement le procédé principal de répartition de cet impôt global ; mais ce prince pratique comptait si peu sur la spontanéité et sur la sincérité des déclarations, qu'il crut nécessaire de recourir à la peine de mort contre ceux qui manqueraient d'exactitude.

Procédé sanguinaire et barbare, dira-t-on.

Peut-être pouvait-on du moins éviter ainsi les recherches inquisitoriales, et cependant nous savons, par des expériences peu anciennes, qu'on n'y arrive guère, même par la terreur. Aussi pensons-nous, comme notre très expérimenté confrère, qu'on a le droit de soupçonner que l'assiette de l'impôt, soit sur le revenu, soit sur le capital, est défectueuse en Prusse, parce qu'elle le sera forcément toujours et partout.

C'est le vice profond, irrémédiable, du système de l'impôt global, qn'il ne peut être, même de très loin, équitablement établi ; c'est, par nature, le sol marécageux de la dissimulation, de la fraude et de l'arbitraire.

Il y aurait même une chose bien plus redoutable que ces inexactitudes et que ces résultats iniques de la dissimulation habile, il suffit ici, de la désigner par son nom qui deviént effroyable de nos jours : l'exode des capitaux.

— C'est aussi des éléments constitutifs de la fortune publique, mais sous un aspect très différent, que M. Jaudon nous a entretenus dans la première partie de son importante et curieuse étude sur la crise viticole au point de vue historique et périodique.

Nous ne pouvons guère parler encore que de la partie

historique qui commence, en France, à la conquête
romaine pour arriver jusqu'à nos jours. Le plus ancien
document législatif, est une ordonnance du gouver-
neur de la Narbonnaise, rapportée par Cicéron, qui
frappe d'un droit de **4** deniers par amphore les vins
transportés de Narbonne à Toulouse. Sous Domitien,
une crise viticole se produit et l'Empereur, exempt
de scrupule, supprime les difficultés en ordonnant
d'arracher la moitié des vignes de province. Le moyen
âge reste silencieux pour nous, mais les documents se
multipliaient à l'envi depuis le seizième siècle. On
faisait déjà de grandes fortunes dans le bas Langue-
doc, et l'on voit apparaître les arrêts du parlement
protégeant les vignes contre les bestiaux et aussi les
baux de vendanges que connaissaient déjà les Romains.
M. Jaudon nous parlera bientôt des périodes modernes.
Les recherches et la personnalité des vues de cette première étude, nous en font vivement désirer la conti-
nuation que nous espérons très prochaine.

— M. Forestié, notre très dévoué correspondant, nous
a également ramené aux questions administratives anciennes de notre pays, par une notice très documentée
sur le passage des réformarteurs royaux en Bigorre,
en 1344. Philippe VI voulut, tout en résistant à l'in-
vasion anglaise, reconstituer vigoureusement le pays ;
dès 1329, il expédia de tous les côtés du royaume des
enquêteurs avec les pouvoirs les plus étendus. M. Forestié a découvert le texte de l'enquête faite en Bigorre, il a voulu en publier et en offrir la primeur à
l'Académie de législation qui s'est empressée de l'ac-
cueillir dans le volume de cette année. Nous remer-
cions M. Forestié de cette communication enrichie des

éclaircissements et des commentaires qui en augmentent la valeur.

— C'est en Angleterre ensuite, et au siècle de Cromwel, que M. Duméril nous a transportés, c'est-à-dire hors de chez nous et vers un passé lointain, mais plus intéressant à étudier que jamais, dans nos temps troublés.

Dans le second chapitre de ses *Aperçus sur l'histoire constitutionnelle de la révolution d'Angleterre*, M H. Duméril a étudié presque exclusivement le caractère et le rôle de Cromwell. Celui-ci n'a jamais eu de système arrêté de gouvernement ; c'était avant tout un *opportuniste*, pourvoyant aux besoins du moment et pensant qu'à chaque jour suffit sa peine. Il n'était pas hostile à la monarchie et, pendant longtemps, il négocia avec Charles Ier. Devenu protecteur, il ne cessa de faire des efforts, d'ailleurs infructeux, pour transformer sa dictature militaire en royauté constitutionnelle. M. Duméril expose les raisons pour lesquelles la popularité de Cromwell n'a cessé de croître en Angleterre dans le courant du dix-neuvième siècle. C'est qu'il a réuni en lui, plus peut-être qu'aucun homme au monde, les qualités et les défauts qui, depuis bien longtemps, caractérisent sa nation : goût de l'effort ; esprit pratique, quelque peu étroit, nullement générateur ; attachement à la tradition ; enthousiasme religieux justifiant les moyens par la fin, avec plus de tolérance pourtant que n'en montraient ordinairement les Puritains d'alors ; vertus domestiques ; orgueil national allant jusqu'à un dédain, à la fois naïf et cruel, des peuples étrangers. Qu'on joigne à ces traits le prestige de ses talents militaires et on s'expliquera que des hommes appartenant à tous les partis, y compris, dit-on, le cardinal Manning, aient regardé Cromwell comme le *grand Anglais*.

— M. Duméril se plaît dans ces considérations de l'ordre le plus élevé, il y trouve toujours le moyen de charmer ses auditeurs par l'élégance de sa parole, la finesse pénétrante de ses observations et la haute indépendance de son caractère très sympathique à tous, même quand on n'adopte pas toutes ses opinions. C'est ce que l'on peut dire tout particulièrement, à l'occasion de ses réflexions quelque peu humouristiques sur *La Guerre considérée dans ses rapports avec les institutions politiques*. Il redoute les effets de la victoire surtout, pour ainsi dire, pour le vainqueur ; « c'est au moment où les peuples triomphent de leurs adversaires, qu'ils se donnent des maîtres, nous dit il, et une guerre heureuse a été plus d'une fois aussi funeste aux vainqueurs qu'à ceux qu'ils avaient conquis ».

Il déplore, dans la guerre moderne, l'annihilation du soldat que l'on conduit à des dangers invisibles et contre lesquels son courage ne peut plus le défendre, au moins pour sa personne. Et il ajoute qu'on ne sût, en aucun temps, profiter de la victoire avec modération.

M. Duméril reconnaît que la guerre est nécessaire mais que c'est un mal. Nous l'admettons sans conteste, comme pour toutes les violences inévitables. Et cependant que serait, en présence des passions des hommes et des peuples, le droit sans la force ? Blâmons les abus, mais entourons de notre patriotique reconnaissance et de notre respect, ceux qui font profession d'être toujours prêts à verser leur sang, à donner leur

vie pour nous défendre, nous, nos foyers, nos droits
légitimes, contre l'ennemi qui nous menace au-delà et
en deçà de nos frontières.

— C'est sur ces ennemis du dedans que M. Georges
Vidal dirige sans cesse nos regards, avec sa compétence et son autorité de plus en plus affermies par le
succès. Toujours plein de pitié pour le malheur qu'il
secourt avec un admirable dévouement, il nous si-
gnale, encore cette année, l'état des choses dans l'ar-
mée des délinquants ou des criminels et les rigueurs
nécessaires dans les moyens de répression et de dé-
fense.

« M. Georges Vidal, à l'occasion d'une communication de M. Tarde, à la Société générale des prisons,
a présenté à l'Académie un tableau résumé de la marche
de la criminalité depuis 1826 jusqu'en 1900, en s'aidant
des deux volumes publiés par le Ministère de la justice,
en 1883 et en 1902. Les conclusions de ces deux volumes présentent un contraste frappant : celui de 1882
est pessimiste, alarmiste; celui de 1902, est optimiste
et presque joyeux.

« La criminalité n'a, en effet, cessé de s'accroître
dans des proportions alarmantes, de 1826 à 1894, sauf
pendant une courte période de onze années, de 1855 à
1866, pendant laquelle il y eut un temps d'arrêt qui
cependant n'empêcha pas les progrès de la récidive.

« Depuis 1895, au contraire, une amélioration sensi-
ble s'est opérée dans la criminalité connue et poursui-
vie et dans la récidive. La cause principale, suivant
les statistiques officielles de M. Tarde, est l'application de jour en jour plus développée de la loi Bérenger et du sursis à l'exécution des peines d'emprison-

nement. M. Georges Vidal, tout en reconnaissant les effets bienfaisants de cette institution, estime qu'on en exagère la portée en lui attribuant exclusivement ce mouvement de recul dans la marche de la criminalité. Une autre influence, négligée et méconnue par les statistiques officielles, a agi d'une manière cependant incontestable : le développement considérable des institutions préventives de patronage des libérés et d'assistance par le travail qui suit les Congrès de patronage organisés depuis 1893, par la Société générale des prisons. Ce qui est, en effet, frappant dans les révélations de la statistique, c'est que, malgré l'application de la loi Bérenger, dès sa promulgation, le 26 mars 1891, la criminalité ne cesse d'augmenter jusqu'en 1894 et qu'elle ne commence à décroître qu'en 1895, à l'époque où les Congrès de Paris, de 1893 et de Lyon de 1894, ont augmenté le nombre et l'activité des œuvres de patronage et d'assistance par le travail.

Et M. Vidal nous le prouve bien par les sauvetages touchants qu'il accomplit, depuis des années, grâce à ses soins vigilants de chaque jour.

« Malheureusement, la statistique, à côté de ces constatations rassurantes, révèle un mal sérieux et inquiétant : le progrès sans cesse croissant du nombre des crimes et délits impoursuivis, parce que leurs auteurs n'ont pu être découverts ou faute de preuves suffisantes et l'impuissance grandissante de la police et de la justice à arrêter les malfaiteurs que de trop nombreuses chances d'impunité ne peuvent qu'encourager. Le mal n'est pas sans remède : il diminuera le jour où le gouvernement aura l'autorité et l'énergie de maintenir chacun des agents de la police administrative et

judiciaire dans les limites de leurs attributions res-
pectives, empêchant ainsi que ces agents ne soient
détournés de la surveillance et de la recherche des malfaiteurs par de trop nombreuses préoccupations étrangères, en leur fournissant én même temps les moyens
nouveaux créés par la découverte de la science, dont
les malfaiteurs sont seuls à profiter maintenant.

« Le jour où on le voudra, dit M. Tarde, on remé-
« diera sans peine à la progression des délits impour-
« suivis. ».

M. Tarde, que la science vient de perdre, était un
observateur de premier ordre, en même temps qu'un
esprit sincère et indépendant ; à cet égard, c'est une
autorité sur laquelle notre confrère pouvait opportuné-
ment étayer son beau travail.

— Nous avons vu jusqu'ici le droit à l'intérieur des
nations. M. Mérignhac nous a fait revenir, avec sa
connaissance étendue et ses intarissables ressources
de travail, aux rapports des nations entre elles.

Il a communiqué, à l'Académie, une notice sur une
institutions que les récentes conventions franco anglaise, franco-italienne, franco-espagnole et franco-
hollandaise ont tout à fait mise à l'ordre du jour. Le
traité d'*arbitrage permanent* entre de plus en plus
dans les mœurs ; il est destiné à devenir le trait-d'union
normal entre les divers peuples qui, sans vouloir se lier
par une alliance formelle, sentiront pourtant le besoin
d'entretenir ensemble des rapports d'une étroite ami-
tié. M. Mérignhac n'est pas partisan de l'utopie du
désarmement en l'état actuel des choses; il croit, en
tout cas, avec beaucoup et bons esprits, que ce n'est
pas à la France a commencer ; mais il est ferme parti-

san du traité d'arbitrage permanent, qui lui paraît destiné à produire les meilleurs résultats et à devenir dans notre siècle l'instrument de pacification par excellence.

L'auteur suit le traité qu'il étudie à travers l'histoire et en analyse les principales manifestations. Il s'étend tout naturellement sur les traités conclus dans ce siècle et surtout sur les traités franco-anglais et franco-italien. Il en montre les avantages et les inconvénients et établit, d'une façon très nette, qu'ils ont été vus avec trop d'enthousiasme ou avec trop de dédain par ceux qui se sont occupés d'eux. Il démontre que les traités en question ont, en somme, une force obligatoire égale à celle de toutes les autres conventions internationales, lesquelles reposent absolument sur la bonne foi des contractants. En terminant, M. Mérignhac donne ce qu'il appelle la *formule idéale* du traité d'arbitrage permanent. Parmi les divers points qui la composent, il en est un qui nous paraît spécialement attirer l'attention. M. Mérignhac est d'avis que, dans les cas où, pour une raison quelconque, les Etats contractants ne croient pas possible le recours à l'arbitrage, ils devront tout au moins recourir à la médiation qui, à la différence de la sentence arbitrale obligatoire par elle-même, n'a que la valeur d'un simple conseil essentiellement facultatif.

— Les nombreuses études de M. Mérignhac, son zèle pour les œuvres d'intérêt public lui valent de précieuses relations. C'est grâce à lui que nous avons pu mettre au nombre de nos correspondants un ancien ministre des affaires étrangères qui nous a adressé ses travaux scientifiques.

M. Zeballos, nous a dit M. Mérignhac, est son collègue de l'Université de Buenos-Aires, où il professe avec éclat le droit international privé, ayant remplacé dans sa chaire E. Aurancio Alcorta, le juriste argentin bien connu. Mais tous deux ont sur leurs collègues français rivaux la supériorité du talent, tout au moins celle de la situation politique, car ils ont été tous deux ministres des affaires étrangères de leur pays.

M. Mérignhac entre dans des détails intéressants sur les divers et nombreux travaux de son collègue argentin et insiste tout spécialement sur ceux dans lesquels M. Zeballos indique ses vues sur l'enseignement du droit international privé. Il analyse ensuite les premiers numéros de l'importante publication intitulée : « *Le Journal de droit international privé* », dirigé par M. Zeballos et destiné à rendre les plus grands services à l'Amérique latine. Ces numéros ont été déjà offerts à l'Académie par le rédacteur en chef du journal et le service nous en sera continué. Ce recueil, outre sa valeur intrinsèque, est des plus précieux pour nous, car, écrit en langue française, il est destiné à répandre notre influence dans l'Argentine qui est déjà par elle-même un puissant foyer de traités juridiques et peut se vanter d'avoir donné le jour à Calvo en même temps qu'à Alcorta et à Zeballos.

— Ainsi se terminerait l'exposé des travaux accomplis en 1903 et pendant la dernière partie de 1902, à l'Académie, si je n'avais à mentionner une notice sur notre belle résidence, ne fut-ce que pour expliquer l'insertion de cette note extra-juridique, dans notre Recueil. J'ai pensé que c'était un devoir pour moi, au moment où je livrais à la ville le beau monument qui lui a été légué pour nous recevoir, de rendre un nouvel hommage de reconnaissance à M. Ozenne J'ai demandé à chacune de nos six Compagnies de s'associer à ce sentiment, en conservant dans ses recueils de l'année la trace de ce qu'il me semblait nécessaire de rappeler en leur nom.

Et pour que l'hommage fut motivé, j'ai exposé ce qu'il y avait dans ce beau reste de la brillante Renaissance des arts à Toulouse et ensuite ce qui y a été fait par moi-même, au nom de mon vieil ami.

J'ai voulu surtout indiquer ce qui reste à faire, pour donner à cette œuvre un caractère d'unité intellectuelle et scientifique, en même temps que d'utilité supérieure et d'achèvement artistique parfait.

Je laisse de côté ce qui reste encore à exécuter à ce dernier point de vue, afin de mettre vivement en relief l'un des résultats les plus élevés que puisse produire le groupement des personnes et des choses assuré par M. Ozenne.

Il ne s'agit de rien moins que de la mise au jour presque immédiate d'une grande bibliothèque publique formée par le travail des années et même des siècles, grâce aux soins constants de nos prédécesseurs. C'est une richesse qui se perd dans l'obscurité et le désordre.

En réunissant les livres, les manuscrits, les albums de nos six compagnies, en les classant, en les cataloguant, en les surveillant, nous pouvons mettre en un instant à la disposition de nos confrères et même du grand public, une bibliothèque de 50.000 volumes, avec une collection unique en province de 500 périodiques que chaque jour vient augmenter.

Tout est prêt.

J'ai déjà entretenu l'Académie et le public de cette

entreprise vraiment toulousaine qui s'impose et pour laquelle toutes les bonnes volontés utiles demandent avec ardeur de se mettre au travail.

Or, c'est simplement en assurant la solidité du plafond de la loggia, c'est en ouvrant au-dessus, des salles pour nos livres et pour ce qui comporte leur conservation et leur surveillance, que la ville faisant ce que je n'ai pu faire moi-même comme simple administrateur, réalisera largement la pensée de M. Ozenne. Ainsi, en effet, nous offrons ensemble aux six Compagnies et au grand public, de très nombreux documents, spécialement pour l'histoire locale, et des collections de livres introuvables ailleurs. C'est le couronnement de l'œuvre intellectuelle de l'hôtel.

J'ai la confiance que la ville, en entrant dans les vues de M. Ozenne, voudra donner à sa mémoire le témoignage le meilleur qui soit possible, de la reconnaissance que méritent de grands bienfaits.

Enfin, il ne me reste plus, Messieurs, qu'un pieux devoir à accomplir et auquel je ne saurais, moins qu'à tout autre, me soustraire.

La mort de M. Auguste Albert a été pour nous une immense perte.

Demeuré longtemps le seul survivant des fondateurs de notre Académie, parmi nos membres résidants, il lui était resté, depuis le premier jour, profondément attaché d'esprit et de cœur. Toujours arrivé le premier à chacune de nos séances, ainsi, d'ailleurs, qu'aux Jeux-Floraux et aux audiences du Palais, il s'effaçait, par une sorte d'instinct injustifiable, se plaçait autant que possible à l'écart et, le dernier de tous, attendait, pour émettre un avis, pour parler, d'y être forcé, pour ainsi dire, s'excusant d'habitude de le faire, lors même qu'il y avait droit plus que personne. Mais alors il allait avec une surprenante facilité, avec une animation naturelle, avec une singulière variété d'accents, sans hésiter, jusqu'au bout, toujours intéressant, et on ne le quittait pas.

Il agissait à peu près dans le même esprit, pour ses communications de longue haleine. Il était toujours prêt, mais il attendait qu'une place devint vide sur l'ordre du jour des séances, afin d'être plus délicatement utile dans les moments de crise pour le recrutement des lecteurs. On pouvait compter sur lui, il était là.

Pendant plus d'un demi-siècle et jusqu'à ses derniers jours, il a étonné et charmé nos auditoires, par la souplesse et l'élégance de sa parole, les ressources prodigieuses de sa mémoire et de son érudition, par la clarté lumineuse et la couleur artistique de ses récits.

Il surprenait parfois, mais toujours agréablement, par la tournure archaïque, presque latine, de la phrase, et par une sorte de coquetterie souriante dans le choix des vieux mots évocateurs, par les malices sans amertume, mais non sans portée, qu'il semblait aventurer timidement, à la hâte, comme pour en atténuer le trait. Mais tout cela était relevé par l'atticisme de son esprit, par la finesse de ses aperçûs, par la hauteur constante du sentiment et de la pensée.

Toujours déférent pour autrui, quel qu'il fût, toujours attentif aux lectures de tous ses confrères, il était néanmoins, sans cesse très soucieux du temps à gagner ou à ne pas perdre. A l'époque de ses grandes occupations, tout en écoutant, il annotait quelquefois ou

feuilletait négligemment des papierr d'affaires, discrètement apportés. Mais alors, dans les discussions
à la suite de la lecture, il avançait une observation
judicieuse et sommaire, ayant pour but, surtout par
bonté, de bien établir qu'il avait, malgré les appa-
rences, apprécié la communication et son auteur.

Il joignait, en effet, à une étonnante facilité de travail, la passion d'être à la fois, pour ainsi diré, partout où l'appelaient ses multiples devoirs. D'aventure,
on souriait, surtout aux diverses salles d'audiences
du Palais, de voir son activité restée juvénile, tenir
définitivement tête, à peu près à tout.

Dans ses dernières années, il semblait, par la puis-
sance d'une énergie morale sans effort apparent qui
domina sa vie entière, se survivre insuffisamment
à lui-même, mais il était encore et toujours courageusement présent au devoir.

Il nous communiqua fréquemment, comme aux
Jeux-Floraux, des sortes de mémoires personnels, des
fragments d'histoire locale, rappelant la manière
d'Aulu-Gelle ; et il refusait, sans doute par une mo-
destie exagérée, de les laisser insérer au Recueil. Une
main pieuse pourra les rassembler parmi les monceaux
de manuscrits qu'il a laissés ; on lui faisait d'insistantes
recommandations en ce sens, après chacune de ces
communications.

Tout cela était, dans notre cercle restreint d'études,
le germe et l'indice des éminentes qualités qui lui
valurent tant d'éclatants succès oratoires au Palais et
une clientèle magnifique dont il ne se sépara qu'avec
douleur, quand il fut vaincu par le mal et par les
années.

Puisse bientôt une voix plus autorisée que la mienne, mais qui ne saurait être plus affectueuse, vous redire les qualités supérieures et brillantes de l'avocat, et aussi la vie de cet homme de bien qui n'eût d'autres plaisirs que l'accomplissement passionné de son devoir professionnel, le travail de l'érudit, les recherches émues du fin lettré et les joies intimes de son foyer.

Insoucieux, parfois ingénûment, de tous les petits détails extérieurs de l'existence quotidienne, il montra toujours une âme très attentive et très haute, pour tout ce qui touchait aux grandes choses de la vie.

C'est la première fois que sa place restera vide dans cette fête austère de la science et de la justice et je m'arrête, messieurs, pour terminer ce rapport de l'année, par un hommage de respect attendri à la mémoire de celui dont nous ne pourrons pas réparer la perte.